SABER VIVIR

Lecciones que Transformarán Tu Vida!

LENIN J. TORRES SILVA

LENIN JOSE TORRES SILVA

SABER VIVIR

Correcciones:

Joscellym Diaz

joscellym@gmail.com

Diseño de cubierta e interiores:

Joscellym Diaz

ISBN-13: 978-1720748823

ISBN-10: 1720748829
Primera Edición. Junio, 2018

©de la presente edición:

El autor

Email: ltorresvenezuela@gmail.com

ltorresvenezuela@hotmail.com

DEDICATORIA Y AGRADECIMIENTO

A mis padres a quienes debo la vida y mi historia.

A cada persona que cruza mi camino y me ayuda a expandir mi consciencia...

Encuéntrale el sentido a tu vida

Siempre tenemos a mano la posibilidad de encontrar la ruta o el camino de nuestra vida, aquello que le da sentido al espíritu para conducirse; la claridad del propósito más allá de la felicidad siempre anhelada, esa voz que nos pregunta: *eso es todo? Eso es todo lo que hay?.. No puede ser! Estoy seguro que hay algo mas allá de eso!*

Cuando emprendemos esta tarea descubrimos que no necesitamos de nadie, más que a nosotros mismos porque el propósito viene desde nuestro espíritu, pues está conectado de forma especial contigo, con tu pensamiento y tu cuerpo físico: lo sientes, te mueve, te mantiene vivo y te hace sentir en plenitud con eso que tú estás haciendo.

Pero esta es la tarea más importante, o la interrogante más relevante que responder en la vida… podemos escribir largas páginas acerca de lo que para nosotros tiene sentido y la lista sería interminable. También no poder darle respuesta es la causa más grande de nuestras enfermedades aunque nos genere sorpresa a primera instancia pues nos provoca estrés, presión, incertidumbre y angustia.

Actualmente muchas personas se preocupan por el mundo y sobre los lugares que ocupan en él; estamos en la búsqueda de la felicidad! Y a menudo nos rodeamos de cosas que se acercan a este concepto: títulos, trabajos, propiedades, negocios, familia...Y sin embargo nuestra voz interior sigue susurrándonos... Cuál es tu propósito de vida?

Una pregunta que permanece pese a todo lo maravilloso que nos rodea, porque nos falta claridad de propósito: aunque tengamos una vida con comodidades, podemos detectar una tristeza interior que ha estado allí desde hace tiempo, una pena que no es fácil de identificar, un vacío en lo profundo de nuestro ser. Y como no se logra identificar dejamos que la excusa desde el ego permita hacer su buen trabajo:

Después que me gradúe, después que me case, después que tenga hijos, luego que encuentre un buen empleo.., porque creemos que después de suceder todo esto llegara esa respuesta que nos hará tan felices. Vivimos paseando por la idealización de muchos propósitos y ninguno de ellos los podemos alcanzar y cuando logras alcanzar alguno, este no te deja satisfacción alguna.

Entonces, *¿Cómo saber cuando los propósitos están conectados con el ego y cuando con el espíritu?* Los propósitos conectados con el ego te castran, te frustran, te idealizan, vives de un lado a otro, te esfuerzas constantemente, te llenas de conformidades y vives una vida en urgencia. Cuando tus propósitos están conectados con el espíritu, estos fluyen libremente de manera responsable, te sientes vivo, te llenan de satisfacción, te permiten vivir en lo importante, te mantienen focalizados en ellos y eres inspiración para otros.

El principal propósito de la vida es que seas feliz, pero el motivo más importante de ello es que recuerdes que te consideres siempre un hijo de Dios, pues él no les daría a sus hijos lo que él no tiene y el solo simboliza la felicidad interior que debe habitar en cada uno de nosotros. Dios no puede darles a sus hijos lo que él no tiene, ni puede reflejar lo que él no es.

Entonces *¿Cómo encontrarle el sentido a la vida?* Puedes rememorar los recuerdos de la niñez apreciando y aceptando todo lo que ella consigo te ofreció sin juzgamientos ni cuestionamientos, haciendo consciente tu conexión con la totalidad de las posibilidades y la fuente superior, esa fuente que está en ti siempre y en todos, llamada *Espíritu*.

Observar desde el espíritu y en silencio a la naturaleza dejará darte cuenta que es tan perfecta como tú, porque eres parte de ella y cada proceso que ocurre en ella es perfecto también. Si Dios está en todas partes, también está en ti, en todos, y en cualquier cosa que puedas ver, oler, saborear, escuchar y sentir. Necesitamos aprender que somos un espíritu viviendo una experiencia humana.

1. Pasos grandes y pequeños.

Deja de pensar que para avanzar en la vida se necesita dar grandes pasos; cuando piensas de esa forma simplemente es el ego que está trabajando en ti, para cuestionar tu proceder y no dejarte avanzar. Aprende a valorar cada paso que das, en la vida no hay pasos grandes o pequeños, simplemente son pasos y cada uno de ellos te aventaja. Permanecer o avanzar es importante, y está bien como resulte pues también hay que considerarlo, es parte del proceso.

Mantente siempre alerta a cada paso que des y sigue tu camino, ten criterio propio en el camino de la vida, no te dejes llevar por la masa o por aquello que hace la mayoría porque tú eres único e irrepetible, un ser especial. Tienes una capacidad y un poder de superación infinito. Sigue tu propia esencia.

Jamás permitas que otros den pasos por ti, ni que recorran el camino de tu vida. Tampoco, debes esperar que otro te ayude a cruzar el eslabón o a subir el peldaño, es tuya la responsabilidad.

Recuerda no hay camino que no se pueda recorrer. Todos los caminos están para recorrerse.

Agotarse en el camino es válido, detenerse por momentos también, aprecia este momento para conectarte con el silencio y escucha al espíritu para que te indique como continuar y disfrutar tu recorrido.

Ningún recorrido es en vano, siempre trae algo consigo que tenemos que aprender. Aprovecha tu "*tempo*". Todos estamos interconectados y cada paso que des te adentra a la vida. La tarea es *confía, confía y confía*, como cuando un esperma fecunda un ovulo, al unirse se transforma y de esa transformación llegaste tú, confiando en lo que debía suceder naturalmente, porque fue un proceso y cada paso de la transformación siempre fue importante. Confía en quien eres, siempre!

2.   No soy lo que los otros dicen de mí.

En la vida las personas incluyendo la familia siempre nos clasificarán como ellos creen que debemos ser, ajustándonos a sus criterios, valores e historias de vida. Quiero recordarte que, como ser único e irrepetible estas aquí para ser diferente como el resto de las personas.

La sociedad nos moldea de acuerdo a un patrón de conducta y saber hacer, y es esto lo que nos provee de frustraciones. Todos esos patrones de conducta provienen de lo que copiamos o aprendemos de las personas que nos rodean y hayamos tenido contacto significativo: familia, amigos, entorno laboral, entre otros..

El verdadero problema radica cuando dejamos de ser nosotros mismos por responder a un patrón de conducta para obtener aceptación o reconocimiento.

Los patrones de conducta dejan de ser constructivos restando paz, tranquilidad y seguridad.

Por más que alguien se parezca a otro, jamás será el mismo porque absolutamente todos tenemos maneras distintas de ser y de enfrentar la vida. No tienes que comportarte como los demás dicen que debes, ni tampoco tienes que tener el trabajo que los demás ostentan por moda social, ni vestirte como lo dicta la ocasión.

Eres libre de satisfacerte a ti mismo, para eso estas aquí, en esta vida. Conéctate con tu propia vocación, adelante y anímate. Estas aquí y ahora para hacer algo con tu vida, vivirla a plenitud y deja que los demás opinen lo que quieran opinar, su opinión es importante pero jamás te valida. La validación viene de ti mismo.

El acto de amor más importante de cada ser humano es reconciliarse consigo mismo, al fin y al cabo tu relación contigo es la más importante y lo que tú pienses de ti, es lo único que realmente tiene poder: *esto es conectarse con la impecabilidad que Dios te dio a ti.*

3. Deja de justificarte ante los demás

Justificarse ante los demás, conlleva un gran desgaste físico, emocional, energético y espiritual, que a la larga va a repercutir en tu alma. Ten presente siempre, soltar esa necesidad de justificarte ante los demás, realmente no tienes porque hacer nada ante nada ni ante nadie. No existe la necesidad de preocuparte por lo que debas decir ni por lo que debas hacer, ni sentir.

Aquel que te envió te guiará siempre. Quien se justifica pierde valor ante los demás porque pospone sus necesidades y su valor por el otro; quien se justifica cree en sus pensamientos, que las decisiones que ha tomado han estado siempre mal; quien se justifica también, lo hace porque en el fondo se cree una persona débil e incapaz y a su vez, le afirma a los otros que dentro de sí, en vez de bendición se tiene un enemigo interno que está en guerra constante.

Esta actuación te priva de paz y divide tu mente en dos bandos que parecen ser totalmente irreconciliables, por lo tanto al justificarse, lo hace por la necesidad de buscar aprobación externa, ya que es una persona insegura y con poco valor personal, que busca en las demás personas, su agrado o aprobación olvidando que como ser humano, tienes derecho a tomar tus propias decisiones, así le agrade o no a los demás. Recuerda, quien vive en el afuera, vive una vida dormida y dominada por el ego.

Del mismo modo, quien pide explicaciones es una persona que está acostumbrada a tener dos cosas: una es el control y la segunda, la razón o verdad absoluta como forma de satisfacer su ego. Por tanto, date el permiso de soltar la necesidad de defender tu posición política, ideología o religiosa, tampoco tienes que defenderte de tu posición social o filosófica, no tienes que defenderte ni justificarte de nada, porque al final es cuestión de individualidad de pensamientos, donde cada quien decide lo que siente, piensa, dice y hace.

Tienes que tener muy en claro, que no necesitas a nadie para que te confirmen lo que tus eres. Trabaja cada día en ser tu mismo y tu autenticidad que es única. Eso es amarse a uno mismo, cuando te amas a ti mismo y confías en ti amas la sabiduría que te creó y confías en ella; cuando no consigues amarte ni confiar en ti mismo, estás negando esa sabiduría infinita en favor de tu ego.

"Justificarte ante los demás, te hará una persona cada vez mas sumisa, y con el tiempo podrás desarrollar ataques de ira e histeria contigo mismo y con quienes te relaciones"

4. El único fracaso de la vida es no vivir.

El único triunfo de la vida se encuentra, en disfrutar todos y cada uno de los momentos de la vida en el aquí y ahora. Trabaja siempre en afirmar que la vida no es corta y detente a vivir cada momento. Valora a las personas que están contigo.

Sueña sobre el futuro, pero cada día de tu vida, camina hacia ese futuro desde tu presente. Mantente en un constante descubrimiento y aprendizaje, se un aprendiz implacable. La vida tiene altibajos pero siempre puedes vivir lo mejor de ambas.

Acepta e integra cada cambio, ya que la vida es cambiante y es una forma sabia de evolucionar. Ocúpate de tus asuntos diarios, pero sin llevarlos a la preocupación. *Ocuparte* de ellos, es totalmente diferente a *preocuparte* por ellos.

Vivir el momento presente: a lo mejor ya has escuchado mucho de ello, pero a lo mejor no has hecho consciencia que es trabajo mental de 24 horas diarias, y muchas veces por la premura de otras responsabilidades como el trabajo, el estrés, la familia, pareja y otros muchos factores hacen que cada día sea como otro cualquiera y le des menos importancia al aquí y al ahora. Por tanto, por muchas responsabilidades que tengas o por muy difícil que veas la situación para vivir la vida en el momento presente, es importante que estés convencido que tu presente te conecta con tu verdadero SER, que está más allá del tiempo o cualquier responsabilidad y que es la misma vida divina que reside en tu interior.

Muchas veces quedamos "atrapados en el tiempo", por lamentar el pasado o temer el futuro. Vivir el presente nos permite salir de esas trampas de la mente limitantes, y te conecta con el sentir, en el sentido pleno de la vida.

Vivir el presente, es estar y ser consciente del momento actual. Lo que pasó hace un segundo ya forma parte del pasado. Vivir en el presente es dejar las distracciones a un lado para centrarse en el aquí y ahora. Vivir la vida en este momento presente, es ponerte en contacto con tu "ahora".

Si lo piensas, te darás cuenta que en realidad no existe otro momento que puedas vivir tu vida. El ahora es todo lo que hay; tu pasado está vivo dentro de ti ahora mismo, y tu futuro también. Los dos forman parte de tu presente.

Deja entonces de lamentarte, preocuparte, arrepentirte, detenerte en el exceso de reglas, el pesimismo, el odio, el miedo, la rabia, la victimización la culpa, porque son grandes distractores que impiden vivir una vida plena aquí y ahora.

Trabaja de manera constante en cultivar un estado de consciencia despierta, que te permitirá mantenerte conectado con el presente y que además te hará sentir bien contigo mismo. Es una razón para mantenerte motivado, y te hace responsable de tu vida, de cada acontecimiento y hecho que ocurra a tu alrededor.

Agradecer, sonreír, elogiar, guardar silencio, observar, meditar y trabajar en el perdón, son formas de conectarte en el aquí y ahora.

5. Nada es bueno ni malo, simplemente es.

Verdaderamente no existe nada bueno ni malo, simplemente las cosas son como acontecen. Es nuestra ignorancia la que nos lleva a realizar de todo acontecimiento y hecho en nuestras vidas y en la de los demás, un juicio anticipado manteniendo un estado de conflicto interior.

Cuando juzgas algo como "malo" no das posibilidad a que lo "bueno" surja, cuando lo juzgas como "bueno" abres la puerta a que lo "malo" suceda... pero lo bueno y lo malo son categorías medibles que son promovidos por la dualidad y el juicio, que a su vez es predominante como ente cultural en nuestras sociedades y además se le ha dado un gran valor universal, tendiendo a determinar nuestro valor como persona, sentimientos, pensamientos o el rumbo de tus acciones, impidiéndonos muchas veces reflexionar sobre otros aspectos.

Como seres humanos tenemos una enfermedad hacia la clasificación de lo que nos gusta y lo que no, clasificamos como *bueno* aquello que nos agrada y lo que *no es bueno*, lo desechamos sin ninguna oportunidad a nada, producto de nuestras limitaciones mentales y creencias.

Por ejemplo, imagínate a ti siendo un bailarín y solo te dedicas a eso, sin querer tener la posibilidad de desarrollarte en otras áreas que no sea bailar. Eso no es ni bueno ni malo, simplemente es. De igual manera la muerte no es ni buena ni mala, la enfermedad tampoco es ni buena ni mala, el miedo no es ni bueno ni malo, simplemente son cambios necesarios de la vida, que ocurren durante nuestro proceso de evolución.

Por tanto, si algo es bueno para ti es porque está instalado en tu sistema de creencias, y eso no quiere decir que lo que otros vean como malo a aquello que tú ves como bueno, estén equivocados ya que todos tenemos nuestra propia opinión establecida sobre lo bueno y malo, que además muchas veces difiere entre una persona u otra. *Disfrutar lo hermoso de todo es mi invitación.*

6. Intentarlo, ya es un logro.

Eso es correcto, sin embargo eso jamás te garantizará que llegues a tus metas, debido a que la palabra *intentar* es una palabra que no tiene fuerza en nuestra mente consciente, al contrario es una forma de saboteo interno. Quien tiene en sus verbalizaciones constante la palabra intentar, es porque en el fondo tiene miedo o no está identificado con lo que está haciendo, o carece de convicción de conseguir aquello por lo que está trabajando.

Quien lo intenta solo acciona porque siente en su interior un gran impulso que aquello que quiere lograr es importante para sí mismo o también puede serlo para los demás; pero con el tiempo de tanto intentarlo se convierte en urgente, y deja de ser importante.

Un ejemplo palpable de ello seria *"He tomado la decisión de intentar cambiar de actitud ante la situación familiar, pero no lo consigo"*, *"He intentado querer dejar a mi pareja y aun no he podido"*, *"He intentado querido cambiar de trabajo y sigo aquí"*. Cuando hablamos desde el *intento*, lo hacemos desde la *fe*, cosa contraria cuando lo haces desde la *convicción* que se dice *"lo hago y punto"* y de manera inmediata verás los resultados, ya que responde a una decisión visceral y no racional.

Con la intención no es suficiente. Siempre para lograr lo que queremos necesitamos dar ese salto cuántico que se llama *convicción*.

7. Tener fe no es suficiente, hay que estar convencido.

Para mí la fe es totalmente diferente a la convicción; cuando un ser humano está en la fe pocas o escasas veces acciona, porque deja su responsabilidad a los demás, manteniéndose en un estado de confort esperando que eso que desea llegue, puede cambiar fácilmente lo que quiere, es una persona fácil de manipular, siempre está pidiendo, escasamente agradece, se queja con facilidad, su verbalización es ver para creer, es muy negativa y casi siempre vive victimizada.

Muy por el contrario cuando una persona está convencida, esta tiene la certeza de lograr lo que se propone, se caracteriza por ser honesta consigo misma, permanece enfocado en lo que quiere, acciona, vive el proceso, tiene paciencia, está comprometido, no se deja manipular, a todo le ve solución y aprendizaje, eso que quiere lograr es parte de su identidad, siempre está agradecido, sabe lo que se propone y que además, es capaz de lograrlo, no tendrá dudas jamás de su posición ante las circunstancias que se le presenten.

Asimismo, este tipo de personas toman decisiones en base a sus convicciones, incluso sabiendo que no serán del agrado de algunos. Son abiertas de mente, no juzgan ni critican a las personas, tampoco hacen valoraciones en base a prejuicios, estereotipos o comparaciones y saben opinar.

Tener convicción absoluta de sí mismo y de lo que se quiere lograr, es no preocuparse por lo que los demás opinen de sí mismo. Pero también tener convicción es, estar convencido de no poder lograr nada, de no servir para nada, de no valer lo suficiente, de no creerse inteligente y al final no lograr nada, ya que ese también es su objetivo.

Una convicción siempre motivará. La fe podría castrarte. Creamos nuestras convicciones.

8. Lo urgente no es importante y viceversa.

Cuando se tienen claros esos dos conceptos, la vida fluye de manera armónica para nuestro bienestar. Estoy convencido que una de las dificultades para lograr lo que las personas quieren, es que no tienen claro el significado profundo de lo urgente e importante, ya que muchas veces suelen confundir lo importante con lo urgente, hasta el punto de lograr agotarse mental, física, emocional y espiritualmente, ya que sus *situaciones* se vuelven una carga en sus vidas si no se resuelven cuando deben hacerlo.

Nuestro valioso tiempo debe estar siempre enfocado en las cosas que son más importantes, no en las tareas rutinarias que hay que cumplir para que todo funcione mejor en tu vida. Pero, *¿cómo se puede distinguir las cosas urgentes de las importantes?*

Las cosas importantes:

- Requieren una planificación.

- No generan estrés, caos ni desorden. Tampoco enfermedad.

- Están orientadas a un resultado.

- Cada quien sabe lo que tiene que hacer.

- Se asume la responsabilidad como adulto.

- Implican confianza, acción, flexibilidad, amor, comprensión, tolerancia, respeto, compromiso.

Algún ejemplo seria la definición clara de un cambio que quieres hacer en ti.

Las cosas urgentes:

- Carecen de planificación alguna. Se basan en imprevistos o caprichos personales.

- Generan estrés, caos, desorden y enfermedad.

- Comunicación poca o nada efectiva.

- Nadie sabe lo que tiene que hacer.

- Excesos de responsabilidad en una sola persona.

- Miedos, inseguridades, falta de confianza, exceso de control, poca o ninguna flexibilidad.

Si seguimos examinando el ejemplo de la diferenciación de lo urgente y lo importante en relación a la definición clara de un cambio que quieres hacer en ti involucrando los elementos de urgencia, diríamos que los cambios no podrías alcanzarlos porque:

- Le darías más importancia a esos elementos saboteadores como lo son la falta de compromiso, negarte a buscar ayuda con un profesional.

- Usar la palabra tratar, intentar, y postergar.

- Enfocarse en escuchar a personas negativas.

- Dejar de asumir tu responsabilidad como adulto, volverte pesimista y egoísta contigo mismo.

- Reunirte y escuchar orientaciones de personas que viven victimizadas que con el tiempo te desviarán de lo que realmente era importante para ti.

Otro ejemplo seria *"quiero perder peso"*. Si bien es importante, pero el hecho de no saber exactamente cuánto peso deseas perder, te desvía del objetivo y te pierdes, ya que no sabes cómo vas a lograrlo y de qué manera necesitas modificar tu vida, para que eso sea posible.

Visto esto, cuando definas que realmente quieras hacer cambios transcendentales en tu vida; es importante y no urgente que organices tus ideas y enfócate siempre en acciones importantes. Primero, decide qué acciones tomarás en su debido momento, partiendo del aquí y del ahora con flexibilidad, cuidando siempre el orden y el control para atenderlas a tiempo.

Esta es una de las estrategias para mantenerse avanzando siempre hacia las metas que quieres alcanzar.

9. No puedes dar lo que no tienes, jamás!

Solo cuando estés bien contigo mismo, podrás estar bien con los demás. Querer pretender dar a los demás lo que no tienes para ti, es quedar en deuda contigo y a la larga te llenará de rabias, miedos así como muchas frustraciones.

Para valorar a otras personas, necesitas valorarte a ti mismo, para poder amar a otras personas, amate a ti mismo, para poder respetar a otros, necesitas respetarte a ti mismo, y para poder perdonar a otras, necesitas que te perdones a ti mismo.

Nadie, absolutamente puede darte el amor y la paz que tu jamás te has dado, necesitamos aprender a trabajar el hecho de soltar la necesidad de pretender que otros te digan si te ves bien, lo inteligente e importante que eres, lo mucho que te aman y cuanto vales. *Pretender recibir esas apreciaciones de otros es solo un acto del ego para mantenerte atrapado en su sistema.*

Para lograr integrar esta importante tarea personal debemos comenzar a trabajar en nosotros mismos y mantener esa disposición durante el tiempo que sea necesario bajo un compromiso personal y disposición al cambio desde el amor propio.

Quien no es capaz de prestarse atención y tiempo, ni se siente a gusto consigo mismo, ni se sentirá bien con otras personas. Para cuidar y proteger, hay que saber cuidarse y protegerse, de la misma manera que para respetar y amar a otros hay que saber respetarse y amarse a uno mismo.

Recuerda que cuando alguien es infeliz y espera a que otro haga algo para cambiar ese estado de infelicidad, lo que reciba nunca llenará ese hueco que sólo puede ser llenado por sí mismo. En el fondo, a veces ese tipo de personas se comportan como *zombies* que se alimentan de *zombies* pensando que así podrán volver a la vida.

Nadie puede dar lo que no tiene, jamás le pidas a un árbol de manzanas que de peras, ni a un gato se le puede exigir que se comporte como un perro.

10. Amate a ti mismo para que puedas amar a tu prójimo.

Todo en ti es único e irrepetible, cada detalle de esa unicidad es importante. Cuando tengas la certeza de eso, sentirás y observarás como se abrirán tus caminos en millones de posibilidades. Todo comienza con uno mismo. Tener amor propio, nos permitirá relacionarnos con los demás de una manera sana, plena y satisfactoria y nos fortalecerá ante cualquier adversidad durante nuestro proceso de crecimiento y expansión.

En la vida, todos nos merecemos nuestro propio amor y afecto. Jamás necesitas ser aceptado por nada, ni por nadie. Como tú te ves y te amas, así te verán los demás y te amarán. Haz conciencia de todas esas cosas que van en contra de ti mismo y tu amor propio tales como: criticarte continuamente; maltratar tu cuerpo con una alimentación desequilibrada; aceptar y creer que no eres digno de amor; posponer actividades que te beneficiarán, exigirte altos estándares de perfección y vivir en medio del caos y desorden.

Para muchos el camino más corto y fácil es crearse dudas, culpas, preocupaciones y obligaciones; creer que son menos valiosos que los demás, desgastarse comparándose con todos; sentirse culpables de sus sentimientos; posponer sus necesidades para satisfacer a los demás, creer que es más importante la felicidad de los demás que la propia. Permanecer en relaciones tóxicas, asumir responsabilidades que no le corresponden, dejar de tomar decisiones, buscar siempre la aprobación de los demás, no marcar límites y decir sí a todo.

Si te detienes frente a un espejo y te catalogas como de *menor valor* ante los demás, que tu valía no es suficiente, es eso lo que reflejarás en los demás. Pero al contrario, si reconoces y asumes que eres un ser humano maravilloso y especial, que merece ser amado porque existes, los demás creerán en ti porque esa es la energía que proyectas.

Siéntete orgulloso de la persona que eres, jamás creas que tienes que hacer algo para agradar a los demás, esa es una trampa del ego, para mantenerte en su vicio de la infelicidad.

Cuando te amas y te aceptas, sabes que mereces lo mejor, lo asumes, lo crees y lo proyectas y es entonces cuando la vida, Dios, el universo, la fuente, trae hacia ti nuevas oportunidades y los sueños dejan de ser efímeros y se tornan realidades. Acepta el camino abierto que tienes por delante con todas tus capacidades para lograr lo que deseas.

Bríndate apoyo, deja de juzgarte, mantente en relaciones que te sumen, exprésate cuando lo necesites, cuida tus hábitos alimenticios y tu sueño, cuida y cultiva tus pensamientos positivos, lee y escucha cualquier información que sea para tu bienestar, bríndate apoyo ante cualquier circunstancia, confía en ti, deja que cada quien resuelva sus propios asuntos, evita participar en conversaciones negativas, evita participar y opinar donde no te lo han pedido, tente paciencia, paciencia y más paciencia, todo es un proceso. Estas frente a un mundo de posibilidades. Créelo.

Cree en ti mismo y entiende que hay algo dentro de ti mayor que cualquier obstáculo. Todos tenemos dentro una guía interior llamada intuición, que nos conducirá hacia donde queremos llegar. Pídele la verdad a tu intuición, y te dará el discernimiento para tomar las decisiones que son adecuadas para ti. Si crees y estas convencido de ti, al final todos terminarán amando el amor que sientes y proyectas en ti.

11. La culpa estanca y victimiza, la responsabilidad te fortalece y te hace crecer.

La culpa es una manera muy común de estancarte, de no aprender ni cambiar. Te hace perder todo el poder sobre tu propia vida y te victimiza hasta el punto de abarcar desde una pequeña incomodidad o dolor, hasta una severa depresión o enfermedad.

Es una emoción inútil que lo único que hace es sacar un látigo para fustigarte sin parar por lo ocurrido, que ya forma parte de tu pasado. No sirve para nada más, ya que cada vez que te sientes culpable, te inmovilizas, crecen los niveles de ansiedad, ira o frustración, y disminuye tu valor personal. Esta además te mantiene conectado con los sucesos pasados, que muchas veces te harán sentir abatido o molesto por algo que dijiste o hiciste.

Cuando te sientas culpable, recuerda que es un juego del ego.

Las personas que siempre se sienten culpables continuamente están condenando a los demás, y una vez que han condenado lo siguen haciendo, vinculando el futuro al pasado tal como estipula la ley del ego. Guardarle fidelidad a esta ley impide el paso de la luz, pues exige que se le guarde fidelidad a la oscuridad y prohíbe el despertar.

Las leyes del ego son estrictas y cualquier violación se castiga severamente. Por lo tanto, aquellos que las acatan creen que son culpables y, no pueden sino condenar sumergiéndose en un profundo dolor, ya que detrás de cada culpabilidad solo hay sufrimiento.

La culpa también tiene su ganancia secundaria: cuando transferimos la responsabilidad de nuestros comportamientos hacia los demás evitando el esfuerzo por reparar la situación, sin disculparnos, ni aprender de lo sucedido o incluso salir del paso.

Por esta razón, algunas personas suelen estancarse en situaciones que no les generan satisfacción, porque permanecen a la espera que el culpable (sea una persona, un objeto, o las circunstancias) se modifiquen y le devuelvan su estado de felicidad.

Caso contrario cuando se asume la responsabilidad ante una situación o eventualidad, porque te moviliza a la resolución y ver lo mejor de ello. Bajo la responsabilidad puedes accionar, ya que la misma es digna y amorosa.

Además, al asumir que eres responsable, te apropias de la habilidad de responder ante todo lo que ocurra, porque estas convencido que dentro de ti están las herramientas, las capacidades y la sabiduría suficiente para resolver cualquier situación porque te miras ante la vida como ser humano y ser vulnerable. La vida solo pone en tu camino aquello que sabe que puedes resolver.

Una persona que toma responsabilidad de sus actos, se empodera, se permite actuar y definir un plan para lograr los resultados esperados. Mantiene su amor por si mismo, comprende que puede corregir o modificar situaciones y que la solución siempre está en sus manos.

No se estanca en el victimismo de culpar a los demás de sus pesares, y más bien supera los obstáculos aprendiendo de ellos, generando cada día mejores cosas para sí mismo y para todo lo que la rodea. Dependerá de ti, de tu decisión de elegir qué posición tomar.

12. Lo que yo creo de mi mismo y de la vida se hace realidad.

Que creo yo de mi? Que creo yo de la vida? Si tú crees en ti, no importa lo que diga el resto y lo que creas sobre la vida, te aseguro se hará realidad. Si crees que no eres una persona capaz no lo serás, si piensas que eres una mala persona lo serás, si crees que no mereces amor, que no mereces tener abundancia y prosperidad, si crees que te enfermarás, pues así será, ya que la vida poco a poco te ira mostrando, cada uno de tus pensamientos limitativos a través de tus resultados y acciones siempre. Los pensamientos de hoy, serán el reflejo de tu mañana.

Es importarte, que tengas claro que el Universo siempre está trabajando, jamás descansa y en esa medida responde a tus peticiones. Siempre, sin falta. Es más, aún antes de que pidas ya el Universo ha de haber respondido, ya que el mismo reacciona de vuelta hacia ti según tus pensamientos que generan la vibración en la que te encuentres.

Así mismo, el Universo está a la espera de tus peticiones. Y movilizará todo su poder para crear aquello que estas pidiendo. Es decir, tienes que estar claro, que tienes un gran poder universal dentro de ti que abarca toda tu totalidad, interna y externa, lo visible e invisible, lo real o imaginario. Eres un creador constante de tu propia vida y existencia.

En este Universo de infinita abundancia no hay nada que puedas pedir que no recibas. Es por ello, que te invito a que revises lo que hasta hoy has estado recibiendo, verifica si has estado complacido o no y lo que te desagrade, hoy tienes la posibilidad de replantearte nuevamente otras formas de pensamiento, que vayan acorde a lo que quieres realmente recibir, ya que nuestros pensamientos atraen cosas agradables o no. Mantente en sintonía con eso que deseas. Tus pensamientos y acciones deben reflejarlo.

Ya para nadie es un secreto, que la energía se mueve y se transforma siendo capaz de cambiar el curso de nuestras vidas. Tener resultados positivos es parte de un proceso creativo y como seres creativos, merecemos practicarlo de manera constante para toda la vida como una forma de coexistir, dejando que el Universo conspire a nuestro favor y haga su labor de transformación, porque es pura energía, porque somos energía y fluimos con el Universo como parte de él.

La energía fluye hacia donde diriges tu poder y tu atención. Los pensamientos son de naturalezas vibratorias y por lo tanto atrayentes, cambian tu punto de atracción según tus pensamientos. Es muy similar a un restaurante: entras, pides un espacio, llega el mesero y te entrega un menú, decides lo que quieres pedir: lo que tu creas que es conveniente, lo ordenas, lo recibes y lo asimilas.

Así es la vida y el Universo con nosotros. Desafortunadamente, mucha gente no parece saber cómo realizar una orden. Y a la larga entran en el restaurante, no saben que pedir, y cuando le traen lo que solicitaron, quedan decepcionados, hambrientos, luego se quejan del restaurante y hacen una serie de críticas poco favorables a pesar que el restaurante ofreció lo que pidieron. El Universo es eficiente para cumplir con tus deseos, revisa lo que estas recibiendo para ver si concuerda con lo que estas pidiendo.

Así, es como creamos nuestra realidad. Nuestros sentimientos se definen por nuestros pensamientos, activan la línea de tiempo por medio de la red de creación, que conecta la energía y materia del Universo. Nuestro futuro será lo que creemos ahora.

La ley del Universo consiste en atraer aquello en lo que te enfocas. Si te enfocas en temer cualquier cosa sea la que venga, estas enviando un fuerte mensaje al Universo para que te envíe aquello a lo que le temes. En cambio si te puedes mantener con sentimientos de alegría, amor, aprecio o gratitud y enfocarte en traer más de eso a tu vida automáticamente vas a evadir lo negativo.

13. Todo lo que me sucede, le da sentido a mi vida.

Esta es una gran frase, que muchos en algún momento no comprenden. Hoy puedo tener la certeza, que todo lo que nos ocurre viene a darle sentido a la vida. Solo hay que esperar que vayamos evolucionando en el camino de la vida, y en ese transitar podremos ver como lo que nos sucedió ayer, aquello que lamentamos en incluso renegamos, hoy le da valor añadido a la vida y puedes encontrarle valor.

A veces es duro cuando estamos en una fuerte situación, incluso pensamos que nuestro ser superior nos abandono *¿Por qué a mí? ¿Qué he hecho para merecerme esto? ¿Sera que soy una mala persona?* Son preguntas que nos hacemos cuando estamos viviendo momentos que los llamamos "difíciles", pero con el tiempo nos daremos cuenta que lo que nos está sucediendo hoy es el fiel reflejo de nuestros pensamientos, de cómo nos sentimos y todo lo que está en nuestro interior, ni más ni menos. Es por eso, que si estás viviendo un acontecimiento importante, lo mejor es que te detengas, revises, evalúes, guardes silencio y elige que puedes hacer por eso. Depende de ti… sumar o restar.

Abrir la consciencia a este mecanismo mental te permitirá, recuperar el control sobre lo que está sucediendo para poder hacerte cargo y trabajar aquellos aspectos de ti, que generan dolor, se repiten muchas veces y no quieres hacerte responsable, no lo admites como propio y a veces asumes, que está jugando la vida en tu contra.

Nada de lo que te sucede está en contra de ti, lo que te sucede, si lo aceptas con amor y de manera consciente, podrás aceptar que ese acontecimiento simplemente te está ayudando a librarte de esas ataduras del ego que se proyectan desde tu interior hacia tu exterior y con el tiempo te harán una persona sabia, responsable de ti mismo, sana, mental, física, y espiritualmente.

Cuando te suceda algo y no le encuentres el por qué inmediato, recuerda que todo tiene sentido, se paciente, paciente y más paciente. El *tempo* te dará la respuesta. Lo que para hoy es una desgracia, mañana será una gran bendición. Bendice cada acontecimiento que te suceda hoy.

Todo en la vida sucede por algo, todo es perfecto. La vida es una escuela. Cuando elegimos convertirnos en alumnos de la vida, decimos que todo sucede por una razón. De esta manera, al utilizar nuestros momentos difíciles para nuestra evolución espiritual, cobra sentido.

14. Tengo la capacidad para resolver todo lo que me sucede.

Sufrimos porque no le encontramos explicación a nuestro dolor, y nos atormentamos buscándole una razón, el por qué. Una persona que sufre, lo hace porque en vez de responsabilizarse de lo que le pasa, juega a ser víctima y a estar resentida con la vida y con los demás. Esta posición de sufrimiento es manipuladora y no ayuda para estar mejor. El sufrimiento es una elección.

Incluso, es una posición de vida. Es una manera de mostrarse ante los demás e incluso buscar a una persona que sea su "salvador", para que lo proteja y lo saque de ese sufrimiento. Atentos con esto.

Cuando nos abrimos a la vida, nos puede llegar el dolor en cualquier momento. Ese dolor es genuino, natural, legítimo y necesario para vivir, seguir aprendiendo y transformarnos. Por tanto, el dolor está presente en nuestra vida lo queramos o no. Se relaciona con una pérdida, con un duelo. Es una sensación que puede llegar a ser de corta duración si lo dejamos sentir adecuadamente. *Y posteriormente nos transformará cuando nos permitamos vivirlo.*

Todos los seres humanos tenemos la capacidad de vivir el dolor y transformar las experiencias negativas en positivas. Todos tenemos herramientas para resolver cualquier situación. Es cuestión de tiempo. Nadie se muere por nadie. El dolor es un gran maestro.

Cada quien es responsable de su situación. Tus asuntos los resuelves tú. Tu estas capacitado para resolverlo. Date el permiso de vivir tus procesos, suelta la necesidad de resolver los asuntos de los demás, querer hacerlo, atenta contra tu bienestar y amor propio.

Querer resolver los asuntos de las demás personas, es una forma de ser reconocido y de mendigar amor, es querer tener el control, es interferir en los procesos que no nos corresponden. Cada quien puede con lo que le toca, elige y crea. Es tu decisión con lo que te quedas pues el sufrimiento es una opción.

15. Confía siempre en el proceso de la vida.

Confía, confía y confía en el proceso de la vida siempre!, Aunque pienses que no lo creas o no lo veas, o que hayas tomado decisiones incorrectas: haber tomado el camino equivocado, haber vivido consecuencias que jamás hubieses preferido no vivir, lamentar el tiempo, lamentar no haber hecho algo o invertido en algo.

Estás justo en donde debes estar, en el instante perfecto, en el idóneo y más propicio para decidir por ti mismo, para ser quien realmente deseas.

Ten claro, que nada te ocurre de manera casual, que todo tiene una razón, que cada una de tus experiencias, relaciones, pasos, tienen la intencionalidad de ubicarte y enseñarte lo que debes vivir para tu crecimiento y evolución, para valorar la vida y sus milagros.

Confía en el proceso de la vida que has elegido porque desde tu sabiduría multidimensional, ya has creado una solución para cada uno de tus situaciones. Con esto no quiero decirte que te cruces de brazos, a esperar que las cosas bajen del cielo. No, eso jamás! confía en el proceso, es sacarle el máximo provecho a cada situación que aunque creas que es limitante, simplemente es un momento más que tarde o temprano tendrá una solución que estará siempre a tu favor y afrontando lo mejor de ti, con una mayor consciencia, apreciando cada momento al aceptarlo tal y como es, sin pretender que sea diferente.

Comprender en su totalidad la frase *"Confiar en el proceso de la vida"* e integrarla, es tener la certeza absoluta que aquello que deseas deberá transcender por cada una de las fases o etapas necesarias para manifestarse en tu existencia, tal cual un bebe dentro del vientre de una madre o un árbol desde la semilla.

Cuando afirmes que confías en el proceso de la vida, iras con real y firme convicción que todo lo que se manifieste a tus pasos siempre será para tu beneficio y utilidad para tu vida. Valorarás el pasar por todas esas fases del proceso, pues cada una tiene su complejidad e importancia para transformarte en una mejor versión de ti mismo, muy necesario para cumplir tus propósitos de vida.

16. Jamás es lo mismo pedir que agradecer.

Pedimos, porque nos creemos necesitados. Cuando hacemos una petición, nos conectamos con nuestras miserias. Usualmente, en mis charlas, talleres o conferencias, acostumbro preguntar al público asistente si ellos *creen en un Dios o en un Ser Superior*, y la mayoría (por no decir todos) expresan que *sí*.

Seguidamente, les pregunto si ellos confían en ese ser superior y me responden de igual manera que si, pido seguidamente que levanten la mano si ellos piden a Dios cuando se ven en situaciones difíciles y casi todos levantan las manos en señal de aprobación. Entonces yo les pregunto a ellos: *¿Si confías en ese ser superior, Dios en cualquiera de sus formas, el que te provee de todo, entonces porque pides?* Creo que no hay coherencia con esa confianza que dicen tener y con las peticiones que hacen.

A lo largo de mi vida, he aprendido a diferenciar el *pedir y el agradecer* y hoy en día: pues prefiero y elijo agradecer por toda y cada cosa que me sucede. Ello me permite apreciar otros resultados, al contrario que cuando pedía. Y eso se debe a que las antiguas tradiciones que he venido estudiando desde hace un tiempo hasta la actualidad, me han permitido recordar que hemos llegado a este mundo por una razón: *amar y hallar un amor aún mayor que trasciende cualquier otra forma de amor de lo divino.* Y eso se consigue con el agradecimiento.

Dar las gracias con el alma, por lo que tenemos aquí y ahora, es una forma maravillosa para transformar nuestra vida. Es un momento mágico y único, que nos permite sentir sensaciones de paz, pues cuando se está agradecido, nos conectamos con la propia verdad y con la fuente interior.

Agradecer, es una forma maravillosa de iniciar un ciclo y cerrarlo también, independientemente de los resultados, ya que estos dependerán de tu percepción. Por ello, sea cuales fueren los resultados agradece siempre.

La actitud de estar agradecido, podría convertirse en un gran valor para la salud de la comunidad y del mundo. De hecho, podría ser la clave para acabar con el devastador ciclo de miedo, aislamiento y violencia que predomina en nuestra sociedad individualista. Además, esa actitud positiva, es buena para la vitalidad, el corazón y el sistema inmunitario.

En este paso por la *universidad de la vida*, me considero un aprendiz de la vida, he descubierto que cuanto más dispuesto estoy a agradecer las pequeñas cosas en mi vida y de mi historia, cosas grandes surgen de fuentes inesperadas. Así pues, si tu vida no funciona bien en estos momentos, podría deberse a que tu actitud de gratitud necesita un amoroso ajuste.

Recuerda que el ser agradecido, no es la consecuencia de las cosas que nos suceden; es una actitud que cultivamos con la práctica del día a día y de forma constante. Cuanto más agradecemos, más cosas tenemos para agradecer.

Agradecer por lo que uno tiene, es también una manera distinta y efectiva de aceptar el aquí y el ahora, las cosas que no se pueden cambiar, las cuales no dependen de nuestras decisiones y cambio, nos conecta con la sensación y el placer del triunfo y nos aleja de esas sensaciones de perdidas, intranquilidad y angustia. Por tanto, darte cuenta que en la medida que cultives el habito de ser agradecido, en esa medida seguirán surgiendo cambios que transforman tu vida y tu existencia

Así pues, si todavía no pones en práctica el agradecimiento de forma diaria y constante, te invito a considerar la posibilidad de hacerlo, comenzando ahora mismo agradeciendo por estar vivo o afirmar cada día al levantarte *"Agradezco el ser que soy, donde estoy y con quien estoy"*. Si aun no te sientes identificado con esta afirmación entonces pregúntate *¿Qué puedo agradecer hoy?*, y de ese modo vas encontrando motivos porque si te detienes a observar, en cada situación los hay.

Mientras lo haces, comprende desde el sentir, cuánto poder tienes, y hasta qué punto eres una persona bendecida y amada por el simple hecho de estar vivo aquí y ahora.

Por tanto agradece siempre todo lo bueno, lo malo, lo que tienes, lo que no tienes, lo que te falta, la luz, la oscuridad y veras como todo va a cambiar y sentirás que realmente eres una persona afortunada, porque al fin todo es un aprendizaje y cada aprendizaje viene a transformar nuestra vida.

Esta actitud de ser agradecido, para fortalecerla conlleva un trabajo, que para muchos no es fácil. Todo depende de tu elección y ganas.

17. Detente y trabaja en ti siempre.

Vive tus procesos, eso es válido para crecer. La velocidad nunca nos deja nada. Detenerse es poder darte cuenta que todo aquello que consideras urgente, realmente no lo es. Vivir y respetar los procesos internos es esencial para abrirse a la más profunda transformación. *Recuerda que el cambio es crecimiento. Es evolución, consciencia, liberación: detenerte te va a permitir darle sentido a la vida.*

Los procesos son el camino al propósito. Si abandonas el proceso, abandonas tu propósito y todo tu ser. Si no has atravesado por procesos, entonces has vivido por vivir sin un propósito en la vida. Detente ante los hechos y pregúntate para que y no porque. Y desde esa posibilidad, aprende.

Detenerte es un hecho importante y no urgente. Lo urgente obstaculiza todo aquello que es importante. Detenerse te permite profundizar en cada hecho de la vida y por lo tanto es válido, todo lo que nos sucede viene a darle sentido a nuestra vida. *Tú tienes la responsabilidad de hallar ese sentido.*

Sin embargo, detenerse te permite adentrarte en cada proceso, su emocionalidad y toda su complejidad. Cuando un ser humano se detiene, se transforma porque trabaja en sí mismo, se ocupa de sí y asume que es responsable de todo. Es un ser consciente.

18. Deja de justificarte ante los demás.

Justificarse ante los demás, es un acto de desamor contra nosotros mismos. No tienes porque justificarte, quien se justifica pierde valor ante los demás, quien se justifica no tiene valía personal. Quien te pide justificación, lo hace para mantener el control sobre ti y la verdad absoluta, ya que son personas manipuladoras.

Por tanto, tienes el derecho a decir lo que quieras y lo que piensas de manera asertiva. Asumir las responsabilidades o las consecuencias de lo que haces o dejas de hacer, es de adultos. Y como adulto, se debe tener claro que quien se justifica pierde.

A pesar que la justificación ante los demás es un hábito común, poco a poco si lo haces consciente, se puede ir transformado, y en lugar de ello, asumirás tus responsabilidades y consecuencias.

El hábito de justificarte está muy arraigado en la mente humana y buscará tu seguridad, eso lo hace para "protegerte". Hay que hacer el trabajo consciente que *no necesitas protección ante nadie,* ya que las justificaciones son sinónimos de mentiras.

Muchos piensan que pueden hacer una vida más fácil, pero con el tiempo tendrán unos resultados pocos deseados, ya que son un camino engañoso que atentan contra nuestra dignidad y tu bienestar, físico, emocional y espiritual.

Cada vez que te justificas, el cuerpo lo asume como una mentira, y al hacerlo se genera una serie de reacciones fisiológicas que van generando contracciones musculares o cambios en la tensión, ansiedad, angustia, dolor corporal, que con el tiempo pueden desarrollar signos y síntomas de enfermedades.

Cuando mientes, el cuerpo manifiesta esta discrepancia. Para la salud integral de las personas, la verdad es saludable. La verdad genera salud.

Dejar de justificarte, es ser tu mismo. Es recuperarte, es tenerte, es valorarte, es amarte.

19. Decir no, es válido.

Te ha sucedido, que te has comprometido con cosas, temas o situaciones que en realidad no deseabas llevar a cabo. Has pensado decir *no*, y cuando te toca decirlo se te hace imposible hacerlo. Estas son cosas comunes que nos ocurren, cuando no tenemos confianza con nosotros mismos.

Decir *no* en el momento oportuno es tu derecho, cada vez que tengas la oportunidad y cuando no quieras hacer lo que te piden. Con el tiempo y la práctica te darás cuenta de que estas negativas no destruirán tu mundo ni tus relaciones interpersonales.

Cuando estés ante una situación que te incomode y quieras decir no; no te adelantes, tómate tu tiempo antes de responder. No tengas prisa en dar ninguna respuesta. Puede ser que en un primer momento te sientas obligado a aceptar y cuando pienses mejor la situación te des cuenta que puedes negarte sin problemas.

Además, al tomarte tu tiempo puedes encontrar la forma educada de negarte. Al principio, de poner en práctica este nuevo habito, sentirás muchas incomodidades incluso mucho sentimiento de culpa. Posteriormente esos sentimientos y culpas, irán mermando hasta sentirte seguro y sin ningún remordimiento. Es muy importante que aprendas a mantenerte firme, no permitas ser manipulado por comentarios o actitudes negativas.

Trabaja de manera constante para dejar de hacerles la vida más fácil y cómoda a los demás, y fortalece tu relación contigo. Decir *no* en el momento oportuno es un derecho que te corresponde. *Cuando le dices no a la otra persona, te dices si a ti mismo.*

20. Yo soy importante.

La relación más duradera que tendrás en tu vida es la que tienes conmigo mismo, y eso es suficiente para sentirte importante. Todas las demás relaciones vienen y van, excepto la que tienes contigo. Esa relación es eterna, por eso aprende a estar contigo mismo y a darte tu propio valor.

Deja de esperar, que los demás te digan cuanto vales, declara diariamente, lo importante que eres, y eso te permitirá pensar, sentir, decir y actuar libremente. Tu eres tu único juez relevante y si quieres, puedes elegir sentirte mal, o bien, sin ningún motivo que explicar o justificar. Todas las cosas de universo son únicas, incluyéndote.

Confía plenamente, que eres importante porque tu valor nace en quién eres como persona; y más aún, eres importante simplemente porque existes. Si te consideras importante, los demás también lo harán. Tu felicidad dependerá, de lo importante que tú estés convencido. Recuerda la vida te ama de una manera incondicional. Tu valía personal depende, absolutamente de ti.

21. De lo que se disfruta, jamás puede haber arrepentimiento.

El arrepentimiento, es un concepto que utilizan muchas personas cuando creen en su mente que hicieron algo y que eso no estuvo bien, lo ven como un pecado, haciéndolos sentir culpables e incapaces, porque siempre están facilitándole la vida fácil a los demás y complicándola para sí mismos.

El arrepentimiento, es una forma más de justificarte, y se genera en las personas por falta de seguridad y por no saber qué es lo que realmente quieren y quiénes son. Es un hecho mísero del ego y forja ilusiones.

Es valioso que te preguntes *¿Por qué atacar mi mente y ofrecerle imágenes de dolor, cuando disfruté verdaderamente lo que hice?* Mira dentro de ti ahora, y no verás motivo alguno para estar arrepentido, sino razones para sentir un gran regocijo porque hiciste lo que realmente quisiste hacer. La vida está hecha de experiencias y de vivencias, jamás de arrepentimiento. *Vivir Mejor es experimentar, explorar, aprender y evolucionar.*

Disfrutar es valorar profundamente lo que sucede y lo que tú haces que suceda en tu vida, incluso aquellas cosas que no te agradan. Aprende a que en la vida, las cosas no tienen definición de bueno o malo, es solo parte del proceso de vivir. Todo va sucediendo para darle forma a nuestra existencia, requiere de todas tus experiencias, todas sin excepción.

Sentir arrepentimiento por lo que has vivido no te hace "mejor persona" ni te hace más espiritual que los demás. Arrepentirse es la más vulgar, usual y peligrosa estrategia para evadir el presente. El arrepentimiento con el tiempo, sólo producirá culpa, vergüenza y con el tiempo algunas enfermedades. En el disfrutar el aquí y ahora, no cabe el arrepentimiento. *Aprecia el*

momento. Aprovecha cada segundo de la vida y
disfruta de ella.

22. De las semillas que siembres, dependerá tu cosecha.

Nuestras cosechas en la vida, dependerán de las semillas que sembremos. Es un dicho que se escucha frecuentemente. De hecho, es un tema bíblico que pocos nos detenemos a analizar el significante. Entonces, es el momento de hacerte algunas preguntas: *¿Cuáles son las semillas que yo estoy sembrando para mí? ¿Qué tipo de cosecha quiero yo recoger?*, entonces permite que lleguen a tu mente situaciones que metafóricamente relacionas con tus semillas sembradas y descubrirás que esas semillas pueden ser semillas de odio, rencor, criticas, culpa, responsabilidades de otros, resentimiento, desvalorización, desequilibrios, miedos, y que estos se reflejan en tu cuerpo a través de enfermedades.

Entonces si revisas detenidamente puede que, tu siembra este llena de semillas que van en contra de ti mismo, de tu amor propio, y tu conexión con el creador, entonces pregúntate, *¿Qué tipo de cosecha, realmente quiero yo recoger?*, y seguramente podrás ver, que tienes lo mismo todo el tiempo en tu vida si no cambias la siembra.

El siguiente paso es elegir integrar esta Ley Universal de causa y efecto, la cual envuelve a todas las verdades. *"En lo que pongamos energía, ya sea con pensamientos, palabras o acciones, eventualmente regresa a nosotros como un búmeran"*. Ambas, la energía positiva o negativa que enviamos al mundo se nos regresa como bolas de nieve que aumentan en tamaño y velocidad.

Si sembramos amor, cosecharemos amor. Si sembramos odio, cosecharemos odio. Si sembramos traición, entonces también seremos traicionados. Si sembramos critica, entonces seremos criticados todo el tiempo, pues esa es la forma de ver el mundo. Es decir, nuestras acciones generan un resultado y eso necesitamos tenerlo claro e integrado como parte de la vida y existencia.

Resulta ser un concepto tan simple que muchas veces como seres humanos perdemos su verdadero y profundo significado. Este principio es la razón por el que tenemos la libertad de escoger lo que cosecharemos en nuestras vidas.

Esa revisión de todos los días en nosotros, nos permitirá estar atentos a qué tipo de semillas estoy sembrando, y esa revisión consiste en ver que hablo sobre los demás, y como me expreso de ellos, puesto que allí es donde está el verdadero aprendizaje de vivir la vida, allí está la verdadera selección de las semillas que quiero sembrar, eso es un acto de consciencia, que permite obtener cosechas satisfactorias.

Esa es la garantía de nuestra curación, liberación y transcendencia, nos permite estar más cerca de Dios, como la fuente única que nos provee de todo lo que necesitamos. Recuerda las bendiciones no vienen a nosotros a través de un camino de suerte, sino que son resultado de nuestras acciones para con nosotros mismos y con los otros.

Esta ley universal ha sido ilustrada a través del registro de la historia. Por tanto, los resultados que experimentamos en nuestra vida son sólo los efectos predecibles que resultan de cualquier acción o falta de acción que hayas pensado, tomado o no. El universo no juzga, solo se encarga de equilibrar, poner todo en orden e incluir lo que no tenía lugar.

23. Los favores se agradecen y las se deudas se pagan.

Garantizar la supervivencia de una relación, sea cual sea, incluyendo la tuya, es básico y necesario para la vida. Todos los seres humanos estamos en relaciones de amistad, de pareja, de hijos, de padres, laborales, comerciales o cualquier otra porque es la forma de recibir algo que nos recompensa y nos hace sentir suficientes y por ende en equilibrio.

De esa misma manera de equilibrio ocurre cuando alguien te hace un favor o te hace algún préstamo. La persona que hace un favor sin intencionalidad o interés alguno siempre espera el agradecimiento, y quien hace algún préstamo, siempre espera que le paguen.

Tener esto bien claro, te libera de deudas y karmas emocionales que pensabas que eran impagables. Agradecer cuando alguien hace algo a favor de ti, libera tú alma, tu cuerpo físico y emocional de la culpa y enfermedades.

Deja de seguir pensando, que cuando alguien te hace un favor es impagable o es una forma de adquirir una deuda perpetúa: ese tipo de pensamiento y acción genera en ti un desgaste emocional que atenta contra tu bienestar en general. La única deuda que tenemos los seres humanos es con nosotros mismos, con nadie más.

Al agradecer, cuando alguien hace algo a tu favor, quedas en equilibrio con la otra persona, ya que la misma sentirá gozo en su alma y espíritu y eso es suficiente. Cosa contrario a otros tipos de favores que son de negocios y de estos abundan, haciéndose por interés.

Desafortunadamente hay muchas personas que sí llevan unas cuentas estrictas de los favores que han hecho. Lo más grave de esto es que pretenden "cobrarte" cuando quieren y como quieren, bajo la manipulación y el hecho de sentirte culpable.

Es importante recordar, que los favores son el fruto de la generosidad humana, que surge de la conciencia y debe ser apoyado por quienes estén en posibilidad de hacerlo. El pago de todo favor es la satisfacción que genera en quien lo hace y así debe ser, y la produce el agradecimiento del otro, ni más ni menos.

Cada vez que agradezcas, tocaras la puerta de tu libertad y sentirás la bendición, de no sentirte atado a nada ni a nadie.

24. Como yo me trato, me trata la vida.

El mundo que te rodea refleja el mundo dentro de ti. Cuando te valoras también lo hace el mundo. Cuando inviertes en ti mismo, también lo harán los demás. Cuando crees en ti, de la misma manera creerán otros en ti.

Tu pensamiento interno más dominante determinará tu realidad exterior tangible. Cuando identificas y reconoces tus talentos y genialidad ocultos, también de igual manera, lo hará el mundo. Como quiera que hayas sido tratado por otros, es porque te has tratado de la misma manera. Todos los rasgos se mantienen por dentro y por fuera. No falta nada, tú eres el único que puede controlar directamente el resultado de su vida.

Independientemente de cómo una situación pueda parecer, *ENFOCATE* en lo que quieres que suceda, y luego toma el próximo paso constructivo hacia adelante.

Cuando una puerta se te cierra bendícela, ella también te trae bendiciones.

Esa frase me ha ayudado a no empecinarme en las cosas. Cuando una puerta se cierra, lo primero que pienso y digo: *ese no era el camino no te convenía.*

Con el tiempo he visto que esto es una gran verdad. Cuando esto te ocurra, simplemente agradece porque la vida (aunque te cueste comprenderlo en estos momentos), te está liberando de cosas.

Cuando toques una puerta y esta se cierra, también te está enviando un mensaje, date el permiso de descifrarlo desde el amor y no desde el ego, ya que si lo haces desde el ego, tus pensamientos serian *"porque a mí?"*, *"que mala suerte tengo"*, *"nadie me ayuda"*, *"Que difícil es encontrar ayuda"*, *"nada me sale bien"*, y así infinidades de pensamientos negativos que van en contra de ti.

Dios, el Universo, nuestro Ser superior siempre está trabajando a favor de nosotros, jamás te abandona, por más oscuro que veas el camino. La vida está llena de oportunidades, y cuando una puerta se cierra, para mí también significa una gran oportunidad. No es el fin del mundo, ni tampoco el fin de tu vida; es simplemente un hecho que no estaba a tu favor.

25. Sentir miedo es vivir comparándote.

He llegado a la conclusión con el pasar de mis días, que una persona cuando siente miedo, es porque inconscientemente se está comparando sin darse cuenta, independientemente de lo que la persona esté haciendo.

Ese, es un hecho que genera en nosotros esa emocionalidad, debido a que nos han acostumbrado a seguir modelos para ser o hacer algo, y en ese seguir, surge la comparación aunque muchas veces no la veamos como tal.

Cuando expreso eso, muchas personas me dicen que no están de acuerdo con eso, sin embargo, cuando nos adentramos en nuestros procesos y nos conectamos con nosotros mismos, en nuestro silencio, y alguien nos pide que hagamos algo, o surge la iniciativa de hacer algo, inconscientemente surge el miedo que invade nuestro cuerpo, producto de la necesidad de aprobación y reconocimiento que muchos necesitan, producto del ambiente en el que vivimos, el cual favorece la tendencia a compararse con otros, a desear lo que poseen y a realizar tareas o actividades como otros las realizan, pues socialmente existe la obligación de cumplir con ciertos *estándares de bienestar*, que en realidad están muy lejos de propiciarlos en tu vida.

Para que esto deje de sucederte, la próxima vez que sientas la necesidad de compararte, detente a reflexionar sobre lo que tú eres, un ser único e irrepetible, que ni puede ni debe competir con los demás. No hay árbol de manzanas que se parezca a otros y que dé los mismos frutos ni las mismas cantidades.

Tampoco hay seres humanos que se parecen a otros, cada uno tiene sus propias habilidades y capacidades, aun no ha habido un ser humano que haga las mismas cosas al mismo tiempo, de la misma forma y detalles. Esta en ti el poder transformador para que lo imposible sea posible.

26. Todos tenemos una maleta de recursos para alcanzar la plenitud.

Debemos aprender a contemplar nuestras experiencias sin generar un juicio personal sobre ellas; de esta manera dejarás de concederles un lugar en el espacio de tu mente; cada vez que clasificas una emoción o experiencia -especialmente las dolorosas- les concedes un lugar en tu memoria y esto sucede porque emites un juicio ante lo sucedido.

Nadie desea vivir con tristeza, pero más allá de vivir tratando de esquivar la tristeza y vivir resguardando los momentos de felicidad, podemos y debemos aprender a vivir con verdadera plenitud.

¿Cómo? Conocerse a sí mismo y desmontar nuestra mentira personal, te permitirá descubrir esa maleta de recursos que tienes para que la uses ante cualquier situación vivida. Quien no se conoce a sí mismo no conoce, tampoco conoce lo que es vivir y el poder que la vida nos otorga; la libertad emocional viene de adoptar la capacidad de SER en toda su emocionalidad y multidimensionalidad.

Cultivar la presencia de tu ser con conciencia en el simple hecho de "existir y ser" es esencial para poder vivir con plenitud. La plenitud es apreciar la vida y se logra esa paz cuando el poder espiritual ilumina tus actos, pensamientos, sentimientos y hechos.

27. La felicidad no es una meta, es una elección.

La felicidad no debe verse como una meta a la cual aspirar. Es una decisión que tomamos sobre la manera como nos enfrentamos a la vida. Ser felices no implica andar por las calles con una sonrisa siempre. Implica sentirnos plenos y satisfechos por cómo vivimos a pesar de nuestras circunstancias.

Ser feliz significa abrazar a la vida, levantarse todas las mañanas, agradecer por lo que tienes y abrazar cada situación con la mejor actitud que tengamos de una manera positiva, sin dejarse vencer ante cualquier situación, aprender de ellas y resolver.

Pese a lo que muchos piensan, la felicidad no depende de los demás o de hechos externos, sino que ser feliz es una elección y decisión personal: Hay que querer ser feliz para poder serlo. En el transitar, he visto y escuchado a miles de personas invirtiendo dinero y tiempo buscando la felicidad perpetua.

En esa búsqueda de la felicidad, he escuchado miles de excusas que justifican la ausencia de esta, incluyendo la falta de salud. Pero también he conocido casos excepcionales de gente con graves enfermedades disfrutando al máximo de cada momento de su existencia, que son felices a pesar de la ausencia de su salud.

Por supuesto que en la vida hay situaciones que nos llevan a vivir dolor como por ejemplo: la muerte de un ser querido, una ruptura amorosa, la pérdida de una oportunidad o cualquier otra cosa. Pero lo importante es saber sobreponerse y recuperar el foco lo antes posible, porque naciste para ser feliz y esta es una decisión.

La felicidad no es una meta, es un camino, la clave está en querer recorrer ese camino y en ser conscientes de lo que te rodea para poder sacar lo bueno de cada momento, porque muchas veces la felicidad no está donde se piensa.

28. Está en tus manos tu destino.

Tú eres la única persona que puede impedir tus progresos y tu transformación. Una persona sin metas tiene una existencia vacía. Siempre hay que atreverse a soñar, a tener objetivos y metas claras aunque estas no te parezcan sencillas.

Un objetivo tan sencillo como decidir qué quieres hacer hoy, planificarlo y lograrlo puede ser el primer paso para el logro del alcance de tu sueño o metas mayores. La única forma de predecir el futuro es creándolo hoy, *ilusiónate, fórmate, siéntete vivo y sobre todo: no dejes de soñar.*

29. Hacer algo maravilloso, es hacer lo que tu disfrutas hacer.

La importancia de las cosas depende de ti, jamás de los otros. Conéctate siempre con todo aquello que te apasiona, incluyendo tu modo de proveerte. Hacer lo que amas es la entrada del éxito en la vida. Si aun no lo tienes, no te desesperes ni te des por vencido. Todo en la vida tiene su proceso. Y cada proceso tiene sus fases o etapas.

No importará cuanto te cueste conseguirlo, pues el amor que sientes por eso que amas hacer, hará que nunca se deje de luchar por ello y se tire la toalla. Para mi es digno, decir *después de tanto lo logre, estoy haciendo lo que amo y se hacer,* a decir: *estoy aquí por muchos años he tratado y nada, frustrado y sin ganas de seguir.*

Hoy en día puedo ver, como muchas personas no están donde han querido en sus vidas, y no es por las oportunidades, ellas siempre están allí, todo el tiempo. Lo que hace falta en sí, es determinación, enfoque, constancia y paciencia para lograr lo que realmente se quiere. Jamás te des por vencido, eso es un pensamiento limitante, el día que pierdas las ganas y el entusiasmo para lograr tú sueño, ese día morirás en vida.

Una de las cosas que te quiero sugerir es que si aun no consigues eso que te apasiona vete a tu niñez, que allí tendrás la respuesta. ¿Como la puedo tener? Observa que cosas jugabas, como las jugabas, que roles desarrollabas y quienes interactuaban contigo. Nuestra niñez, tiene muchas cosas maravillosas, para fortalecer la adultez.

30. Las opiniones de los demás son ideas vacías.

Debido al deseo de pertenencia y a la necesidad de actuar de la manera acertada, el ser humano en su mayoría le da atención y poder a las opiniones que los demás tienen sobre sí mismo. Dicha acción, tiene como objeto lograr aceptación y pertenencia a una relación o relaciones sociales, hasta el punto de sentir "apoyo, motivación y ánimo" sobre tus perspectivas y acciones.

Por ello, te sientes "agradecido y satisfecho" con tu vida. Pero si sucede lo contrario, que en vez de halagos te critican y enjuician, te producirá un conflicto emocional que te llevará a experimentar infelicidad, culpa, miedo y decepción, creándose algunas veces en las mentes fantasmas de pesimismo sobre nosotros mismos, como si una nube negra estuviera ahí acompañándonos como fiel guardián.

¿Por qué hacer que tu felicidad o bienestar dependa de otras personas?

Suelta la necesidad de estar atrapado por la conformidad social que obliga a las personas a vivir, en base a los resultados de los otros. Jamás permitas que el ruido de las opiniones de otros ahogue tu propia voz interior.

Defiende esa individualidad y esa luz que hay en ti, jamás permitas que se apague por un comentario que no va contigo. Quédate con lo que aporte algo en tu vida. Tomarte las cosas personalmente te hace una persona vulnerable de las personas toxicas, hasta el punto de envenenarte con su propio veneno.

Darle fuerza y poder a las opiniones de los demás, atentara sobre tu poder. Tú nunca eres responsable de los actos de los otros, eres únicamente responsable de ti, como los demás de sí mismos. Así como tú eres responsable de ti, también eres responsable de lo que digas y es solo su reflejo, lo que los otros digan sobre ti.

31. Cuando juzgas y críticas a otros, te defines a ti mismo.

Cuando ves a alguien y le juzgas, es una proyección de lo que hay dentro de ti mismo hacia el exterior. A pesar que es algo difícil de comprender, es una realidad. De ahí a que atribuyamos lo que nosotros somos a los otros.

Eso se llama proyección. La proyección, es un mecanismo del ego para hacerte sentir superior a las demás personas. Sin proyección no puede haber ira y el ego utiliza la proyección con el solo propósito de destruir la percepción que tienes de ti mismo y de las demás personas.

El proceso comienza con la creación de tus pensamientos en tu propia mente, y proyectas tus percepciones al exterior, logrando así algo que existe en ti, pero que repudias, y conduce directamente a que te excluyas a ti mismo de las personas con que te relacionas.

Todo juicio y crítica, es el resultado de un proceso mental y nada más que eso. Todo lo negativo que ves en los demás vemos son imágenes proyectadas propias. Por tanto, tu percepción depende de lo que realmente quieras ver.

32. El asunto no es pedir, sino estar preparado para cuando llegue.

Estoy convencido que seguir pidiendo sólo aumenta el poder de lo que nunca sucederá. El camino entre el ser humano y las fuerzas de este mundo empiezan en nuestro corazón. Es allí donde nuestro mundo de los sentimientos se une con el de nuestros pensamientos.

Pedir, es sinónimo de pobreza; al pedir te conectas con la escasez y tus miserias mentales y generacionales, es tiempo que modifiques la forma de hacer tus solitudes al universo, en vez de pedir crea lo que deseas en tu mente, y el universo te lo dará, sin necesidad de enfocarte en los resultados.

Enfocarte en los resultados, desvía también tus solicitudes al igual que cuando pides. *Renuncia* de manera consciente *al interés por el resultado.* Ojo, con esto jamás te quiero decir, que no renuncies a la intención de cumplir tus propios deseos, ni tampoco a que renuncies a la intención ni al deseo.

Confía de manera incuestionable del poder del verdadero yo y de tu creación. Disfruta de ese proceso, para que cuando el Universo te de eso que creaste, tengas la capacidad para disfrutarlo plenamente. Prepararte para ello es sumamente importante, ya que muchas personas se enfocan en la creación mental de eso que desean y cuando llegan no lo disfrutan porque no estaban preparados.

Un ejemplo de ello puede ser *"yo quiero ser una persona millonaria"*, te enfocas en agradecer desde el amor, lo das por hecho, y luego cuando llega ese momento no sabes qué hacer con tanta riqueza, hasta el punto que vuelves a las limitaciones económicas que antes tenías.

Así hay muchos ejemplos relacionados con la salud, el amor de pareja, la familia, hijos, trabajo, y muchas cosas más. Por eso mi afán es decirte, que deja de empeñarte en pedir, y simplemente crea, agradece deja de enfocarte en los resultados y prepárate para disfrutar tu petición.

Por último quiero manifestarte, que cuando una persona pide no hay evolución, y cuando no hay evolución sobreviene el estancamiento, el desorden, el caos y la decadencia.

Quienes están seguros del resultado pueden permitirse esperar, sin ansiedad. Esa es la característica principal de la paciencia infinita. La noción de certidumbre y la paciencia van juntas. Al confiar y saber que se está conectado con esa inteligencia universal que lo provee todo, la persona sólo tiene que permitirse la virtud de la paciencia.

No impongas ninguna restricción temporal a tus manifestaciones y sigue con su vida cotidiana con la certeza de saber que: «Dispongo de todo el tiempo que necesito, y estoy seguro del resultado, de modo que permitiré que aparezca a su debido tiempo».

Al estar seguro del resultado, al despreocuparte del cómo y el cuándo, cultivas el poder de la paciencia infinita y, simultáneamente, te desvinculas del resultado.

La importancia de centrar la atención en el resultado y en cómo quieres que se materialice eso que deseas en tu vida hoy en día tiene poco o ningún valor, dale poder y atención a los sentimientos que experimentas a medida que manifiestas la imagen de tu deseo.

33. Está bien que reciba.

Para atraer aquello que desea tu corazón, tienes que saber que eres digno de recibir ya que eres digno de vivir en abundancia y se extiende más allá de nuestra capacidad para imaginar su grandeza. Esta abundancia fluye a partir de la misma energía que abarca nuestra esencia fundamental de la vida.

La abundancia eres tú. Tú eres ella. Ni más ni menos.

Todo lo que ves a tu alrededor es una parte de la manifestación material de tu creación y tu divinidad. Si no estás conforme con lo que tienes, es hora que revises tus pensamientos y tus creaciones, posiblemente no tengas eso que es creado, porque no te sientes merecedor de ello. Estas negado a recibir, o a lo mejor existe una limitación mental inconsciente, que te dice que recibir es malo.

No hay razón alguna para que te sientas infravalorado por desear que las cosas se manifiesten en tu vida.

Es sanador pensar que merecemos que esas cosas se manifiesten y que estas dispuesto a recibirlas con amor. Suelta la idea, que para recibir, necesitas hacer algo extra humano, se trata simplemente, de cambiar tu mentalidad y convencerte a ti mismo de que mereces recibir todas las bendiciones de Dios, o el Universo para ti, ya sean materiales o de otro tipo. Eres merecedor de atraer y manifestar todo en tu mundo.

Todo lo que te niegas a recibir, es a ti mismo a quien te lo estas negando.

34. Yo soy el creador de mi propia vida.

1. Yo soy mi salvación. Está en mi, mi salvación.

2. Comunicarme es comprenderme, adentrarme en mí, atenderme, amarme, valorarme, respetarme, elogiarme, vivir en mí.

3. Mis pensamientos crean mi realidad.

4. El temor es falta de confianza en ti y en tu Dios.

5. Las almas grandes no compiten con nada ni con nadie porque saben que son grandes.

6. En la vida nada se pierde todo se transforma.

7. Las oportunidades se dejan alcanzar solo por quiénes las persiguen.

8. Tu propio enemigo está en ti.

9. Tú eres la única persona que puede impedir tus progresos y tu transformación. Esta en tus manos tu destino.

10. Da gracias, y se agradecido por cada cosa que te sucede.

11. Nada se va hasta que nos haya enseñado lo que necesitábamos saber.

12. El respeto que le das a los demás, es el respeto que te das a ti mismo.

13. Quien dedica tiempo para sí mismo, no tiene tiempo para juzgar y criticar a los demás.

14. Valora y disfruta de las cosas pequeñas de la vida, porque con el tiempo se convierten en las más grandes.

15. La plenitud la viven solo aquellos, que están despiertos de consciencia.

16. En la vida, somos nosotros los que decidimos con cuáles emociones nos conectamos.

17. Yo no puedo cuidar a otro, sino cuido primero de mí.

18. La vida no se hizo para triunfar, sino para vivirla ¡Vivir es nuestro gran triunfo!.

19. Los favores se agradecen y las deudas se pagan. Una frase que nos ayuda a tener libertad.

20. Cada despertar es volver a nacer, es un milagro para mí.

21. Las almas grandes no compiten porque saben que son grandes.

22. La excelencia personal solo se logra con el alma y el corazón.

23. El problema de la vida no es lo que suceda, sino de lo que hagas con lo que sucede.

24. Los equipos de trabajo, para que sean equipos deben estar conectados.

25. Cada palabra que pensamos y cada palabra que decimos es una afirmación.

26. Lo que hoy es verdadero mañana será falso.

27. Cada uno de nosotros puede convertirse en una antorcha y consumirse plenamente con el amor que la enciende.

28. La muerte no es un error contra el que hay que luchar, sino una culminación natural del ciclo de la vida. Vale la pena recordar que no podemos vivir para siempre pero sí debemos vivir la vida en toda su plenitud.

LENIN JOSE TORRES

Egresó en Venezuela de la Universidad Fermín Toro como Licenciado en Administración de Empresas, es Especialista en Protección y Seguridad Industrial, Especialista en Desarrollo de Múltiples Competencias en Psiconeurolingüística, Magíster en Organización y Sistemas mención Gestión Administrativa, Practitioner en Programación Neurolingüística, Candidato a Magíster en Orientación de la Conducta. Es Doctor en Ciencias Sociales mención Gerencia, egresado de la Universidad del Zulia. Es investigador activo en áreas de: Desarrollo humano y organizaciones. Ha publicado más de diez artículos y ponencias nacionales e internacionales, en revistas científicas en las áreas de: organizaciones inteligentes, inteligencia emocional, complejidad, programación neurolingüística, gestión del conocimiento y capital intelectual; en países como Brasil, Colombia, México y Perú.

Se desempeñó como Docente Universitario de la Universidad del Zulia, la Universidad Rafael Belloso Chacín, y el Centro Internacional de Educación Continua en las áreas de Metodología de la Investigación, Procesos y Dinámicas Gerenciales, Modelos Gerenciales Contemporáneos y Programación Neurolingüística.

Ha sido tutor y jurado evaluador de diferentes trabajos de investigación a nivel de postgrado. Posee formación en Terapia Gestalt, Constelaciones Familiares, Risoterapia, Programación Neurolingüística, Autoestima y Motivación, Formación como Renacedor en España y Teacher Heal Your Life en Estados Unidos. Ha sido acreditado con diferentes reconocimientos nacionales e internacionales por labor desempeñada en la formación y desarrollo del recurso humano. Actualmente se desempeña en el área de la terapia y desarrollo de las habilidades emocionales.

Redes sociales:

Facebook: Lenin Torres (Figura pública)

Instagram: @lenintorress1

Twitter: @LeninTorresS

Web: www.lenintorress.com

Email: ltorresvenezuela@gmail.com

9 781720 748823